Annette Neubauer

Kleine Leseübungen für Erstleser – Wortebene

Erstes sinnentnehmendes Lesen mit Bildern trainieren:
ritualisiert – abwechslungsreich – motivierend

Auer

Zur Autorin:

Annette Neubauer hat jahrelang Kinder und Jugendliche mit LRS unterrichtet. Heute lebt sie als Autorin in Köln. Ihre Lernmaterialien und Kinderbücher wurden bereits in 20 Sprachen übersetzt. Wenn sie nicht am Schreibtisch sitzt, ist sie auf Lesereise oder leitet mit viel Spaß Schreibwerkstätten. Mehr finden Sie unter www.annette-neubauer.de.

Gedruckt auf umweltbewusst gefertigtem, chlorfrei gebleichtem und alterungsbeständigem Papier.

2. Auflage 2019

Covergestaltung und -illustration: julaila-design – Julia Niedermeier, München
Illustrationen, Coverillustrationen Hund und Wimmelbild: Corina Beurenmeister
Satz: tebitron gmbh, Gerlingen
Druck und Bindung: Himmer GmbH, Augsburg
ISBN 978-3-403-**08096**-1

www.auer-verlag.de

Inhalt

Liebe Lehrerinnen und Lehrer,

die vorliegenden Übungen für Erstleser dienen dem Lesetraining und Leseverständnis auf Wortebene. Die zahlreichen Illustrationen regen an, Bilder mit Wörtern zu verbinden, Wörtern Bilder zuzuordnen oder Gelesenes im Bild wiederzufinden.

Die Aufgaben spiegeln den Alltag von Kindern wider und sollen Spaß machen. Durch die gewählten Themen wird die Motivation zum Lesen geweckt und die Lesefähigkeit gesteigert. Gleichzeitig werden auf spielerische Weise Wortfelder vertieft, was zusätzlich den Wortschatz erweitert.

Die Übungen sind überschaubar gestaltet, um das Selbstvertrauen der Schülerinnen und Schüler in die eigenen Fähigkeiten zu stärken. Die klaren und kindgerechten Illustrationen laden zum selbstständigen Arbeiten ein und erleichtern Kindern, die Deutsch nicht als Muttersprache haben, den Zugang. Die Arbeitsanweisungen sind einfach gehalten und oft durch Beispiele veranschaulicht, um Blockaden durch ein Gefühl der Überforderung zu verhindern.

Der vorliegende Band kann unabhängig vom Titel „Kleine Leseübungen für Erstleser – Satzebene“ (Bestell-Nr. 08097) im Schul- und Förderunterricht eingesetzt werden. Um den unterschiedlichen Lernständen der Kinder und der notwendigen Bearbeitungszeit innerhalb einer Klasse besser gerecht zu werden, können beide Bände auch parallel Verwendung finden. Dann trainieren lesestärkere Kinder das Satzlesen, während Kinder mit mehr Förderbedarf dasselbe Thema auf Wortebene erarbeiten.

Die Lösungen sind so gestaltet, dass sie kopiert und in einen Ordner geheftet werden können. Dadurch haben die Kinder die Möglichkeit, ihre Ergebnisse selbstständig zu kontrollieren.

Ich wünsche Ihnen und Ihren Schülerinnen und Schülern viel Freude und Erfolg mit dem vorliegenden Band!

A. Neubauer

Name: ______________________ Datum: ______________

Wie kommt der Maulwurf in den Garten? Finde den richtigen Weg!

Maulwurf Matze baut einen Gang. Was sieht er alles?

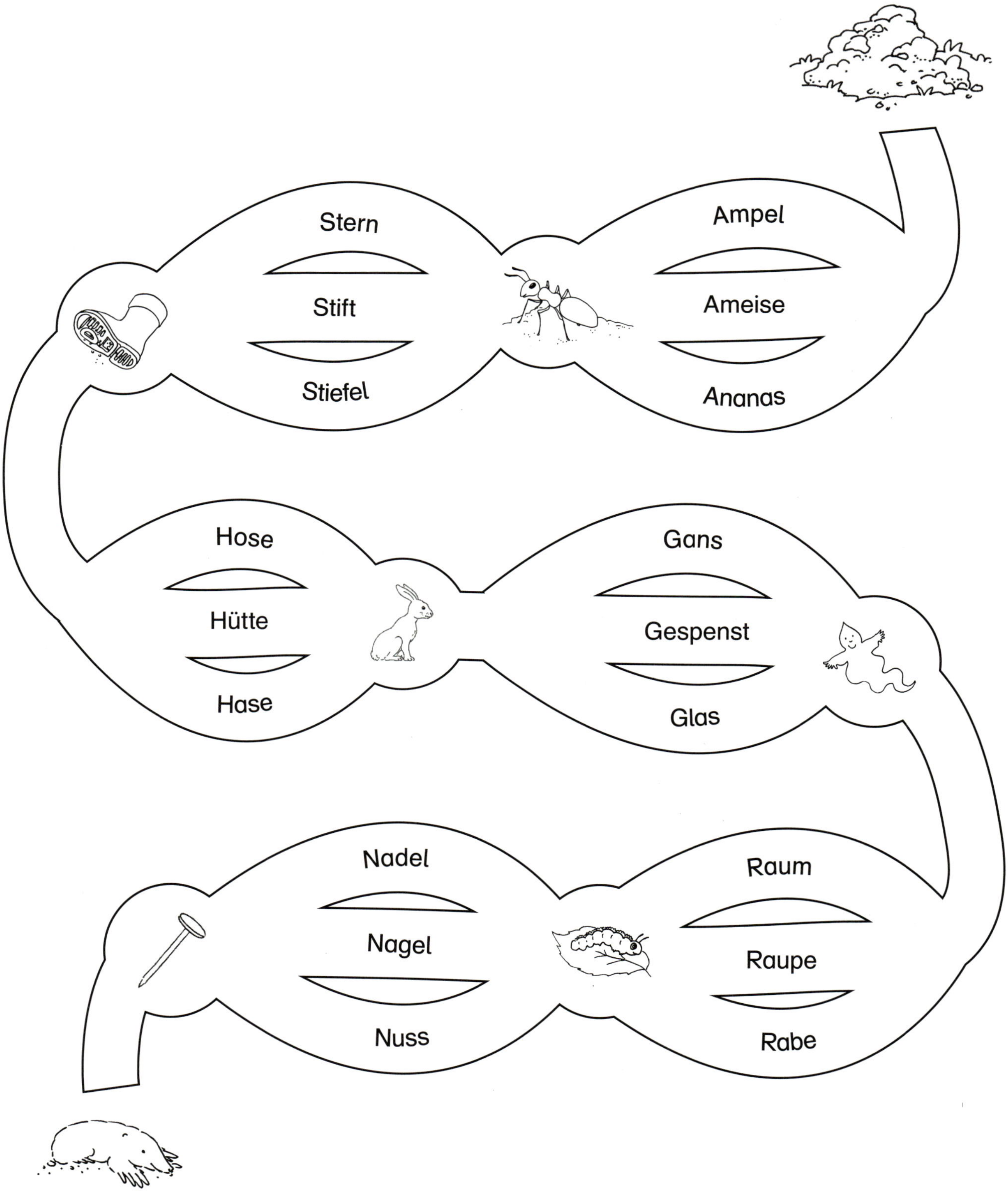

Name: ______________________________ Datum: ________________

Was fehlt? Kreuze an!

☐ Eier	☐ Butter	☐ Kakao
☐ Zitronen	☐ Paprika	☐ Honig
☐ Milch	☐ Orangensaft	☐ Möhren
☐ Marmelade	☐ Schwarzbrot	☐ Bananen
☐ Kartoffeln	☐ Äpfel	☐ Zucker

Name: ____________________ Datum: ____________

Verbinde!

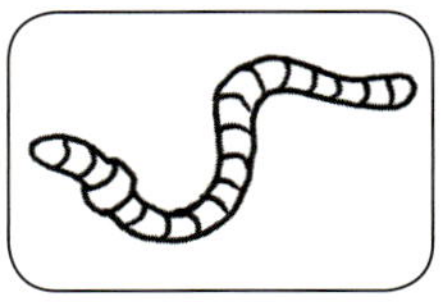

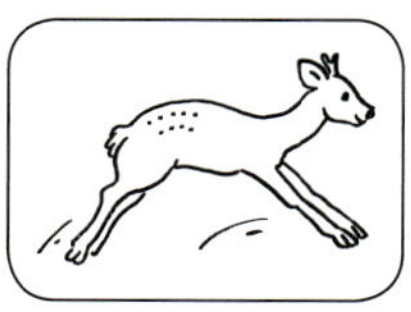

das Kamel

das Schwein

die Spinne

der Wurm

der Spatz

die Möwe

der Hase

der Rabe

das Krokodil

der Wal

die Maus

das Schaf

der Hund

das Reh

Name: ______________________ Datum: ______________

1

2

3

4

Was passt? Schreibe die richtige Zahl in die Kästchen!

- ☐ der Tannenbaum
- ☐ die Tulpen
- ☐ das Osternest
- ☐ die Sonnenbrille
- ☐ die Herbstferien
- ☐ die Osterferien
- ☐ das Eis
- ☐ die Kastanien
- ☐ der Badeanzug
- ☐ die Schlittschuhe
- ☐ die Sonnenmilch
- ☐ der Schneemann
- ☐ der Drachen
- ☐ der Schlitten
- ☐ der Maikäfer
- ☐ die Apfelernte

Welches Fest ist gemeint? Kreise ein!

Weihnachten

Ostern

Silvester

Name: ______________________ Datum: ______________

Ordne die Zahl zum Bild!

1 der Kleiderschrank

2 der Stuhl

3 das Sofa

4 die Lampe

5 der Tisch

6 der Teppich

7 die Bettdecke

8 das Fenster

9 die Steckdose

10 das Bücherregal

☐ 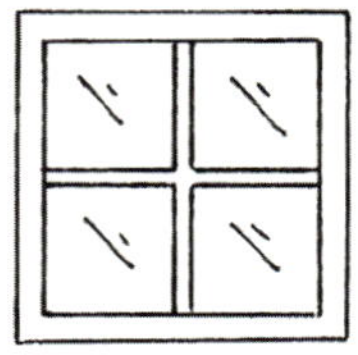

☐ 

☐ 

☐ 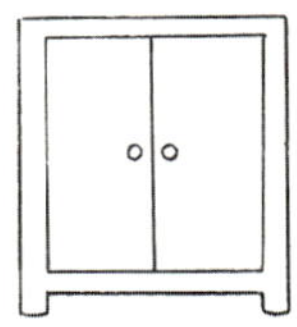

☐ 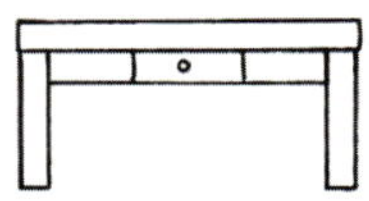

☐ 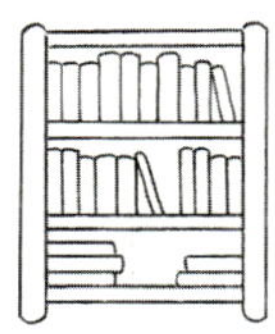

☐ 

☐ 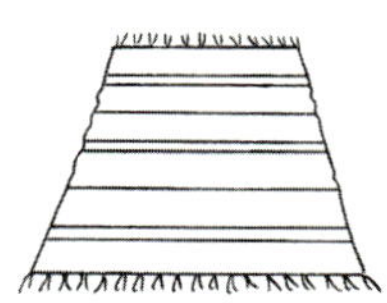

☐ 

☐ 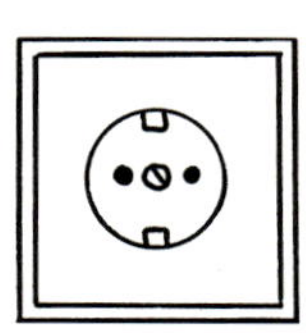

Name: ______________________ Datum: ______________

Was passt? Verbinde!

 klein groß 

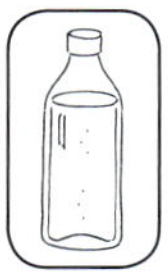 voll leer 

 müde wach 

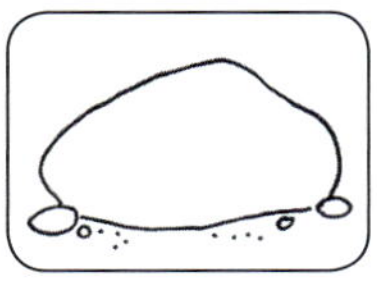 weich hart 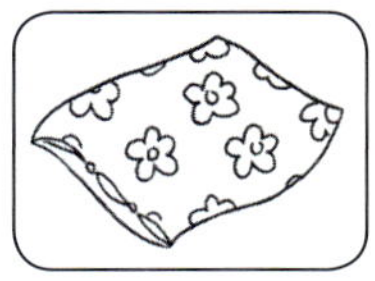

 trocken nass 

 süß sauer 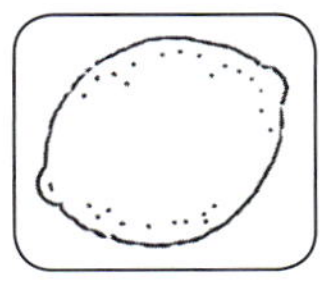

 rund eckig 

 heiß kalt 

 traurig fröhlich 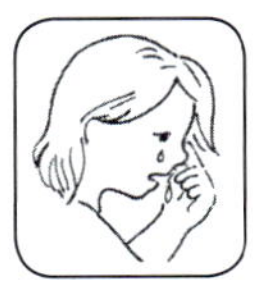

 leicht schwer 

Name: ______________________ Datum: ______________

Was machen die Monster? Verbinde!

rennen

sitzen

kratzen

niesen

singen

spucken

lachen

essen

klettern

springen

werfen

Name: ______________________ Datum: ______________

Was ist auf dem Bild? Kreise die richtigen Buchstaben ein!

F zwei Hunde

E ein Fisch

A ein Lastwagen

P ein Kleiderschrank

E Vögel

D ein Kuchen

K ein Esel

N eine Schere

S Luftballons

T eine Katze

L eine Schaukel

R Eisbecher

Lösungswort: ___ ___ ___ ___ ___ ___ ___

Name: ______________________ Datum: ______________

Schreibe die Buchstaben unter die richtigen Bilder!
So erhältst du ein Lösungswort.

S	der Pinguin	**A**	das Auto
G	der Kuchen	**T**	die Zahnpasta
T	das Känguru	**B**	das Schiff
U	die Mütze	**R**	das Herz
G	die Kerze	**E**	das Fahrrad

 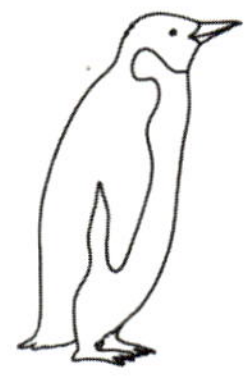 

Lösungswort: ___ ___ ___ ___ ___ ___ ___ ___ ___ ___

Male einen Wunsch von dir!

Name: ______________________ Datum: ______________

Wer ist es? Verbinde!

Prinzessin

Räubertochter

Eskimo

Pirat

Drache

Ritter

Katze

Hexe

Indianer

Hase

Was gehört zusammen? Kreise in derselben Farbe ein!

Schiff

Maus

Krone

Feuer

Besen

Büffel

Möhre

Iglu

Schwert

Sack

Name: ______________________ Datum: ______________

Kreise die passenden Wörter ein!

der Rucksack

die Narbe

die Tasche

der Regenschirm

der Gürtel

die Turnschuhe

der Mantel

die Lederschuhe

der Ohrring

die Stupsnase

die Warze

die Hakennase

die Handschuhe

die Jacke

die Mütze

der Hut

Name: ______________________ Datum: ______________

Kreise die passenden Wörter ein!

die Ohrringe

der Rucksack

der Armreif

die Handtasche

der Rock

die Stiefel

der Mantel

der Fingerring

die Sandalen

der Schal

die Halskette

das Muttermal

das Kopftuch

die Sonnenbrille

der Schlapphut

das Fußkettchen

das Kleid

die Bluse

Was hat die Diebin gestohlen?

 +  = P __ __ __ __ __ __ __ __ __ __

Name: ______________________ Datum: ______________

Kreise die passenden Wörter ein!

das Totenkopf-Hemd

der Pullover

die Jeans

die Turnschuhe

die Stoffhose

die Stiefel

die Lederjacke

die Mütze

die Tasche

die Kette

der Rucksack

die kurzen Haare

der Ring

der Schnurrbart

der Vollbart

der Mantel

das Armband

die langen Haare

Was hat der Mann nicht an? Kreuze an!

- ☐ eine Sonnenbrille
- ☐ einen Schlapphut
- ☐ eine Armbanduhr

Name: ______________________ Datum: ______________

Was passt? Schreibe die passende Zahl zum Wort!

- ☐ das Blatt
- ☐ die Nuss
- ☐ der Junge
- ☐ das Eichhörnchen
- ☐ der Specht
- ☐ der Farn
- ☐ der Pilz
- ☐ die Eule
- ☐ der Käfer
- ☐ das Mädchen
- ☐ die Feder
- ☐ der Ast
- ☐ der Stein
- ☐ der Stamm
- ☐ das Wildschwein

Name: ______________________ Datum: ______________

Was reimt sich? Verbinde!

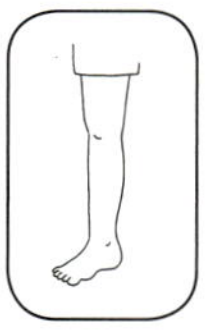

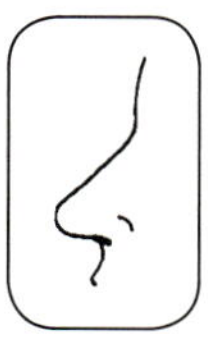

die Fee

das Schwein

die Hose

die Tanne

der Wurm

die Insel

die Maus

die Fliege

die Flasche

der Elefant

die Puppe

der Hase

Name: ______________________ Datum: ______________

Was reimt sich? Verbinde!

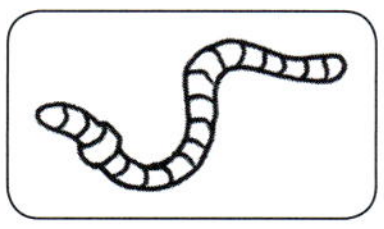
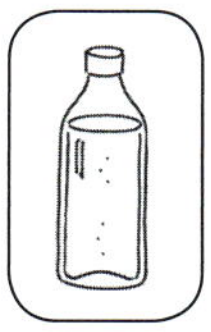

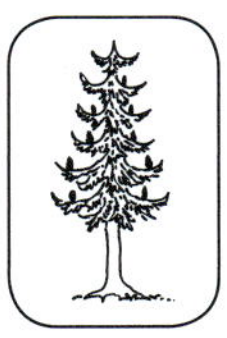

Wand

Nase

Suppe

Dose

Ziege

See

Turm

Bein

Pinsel

Haus

Tasche

Wanne

Name: ______________________ Datum: ______________

Schneide das Domino aus!
Mische die Karten und lege sie wieder zusammen!

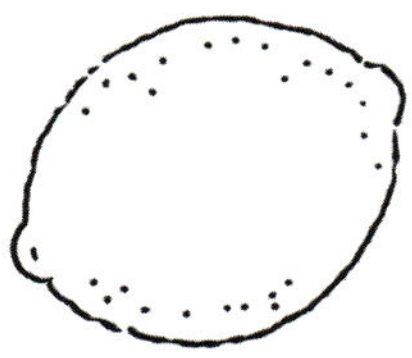

die Pflaume

die Zitrone

Ziel

die Mandarine

die Erdbeere

die Birne

die Kirsche

der Apfel

die Kiwi

Start

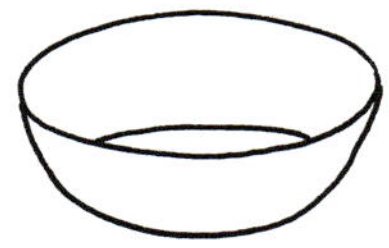

die Banane

Name: ______________________ Datum: ______________

Schneide das Domino aus!
Mische die Karten und lege sie wieder zusammen!

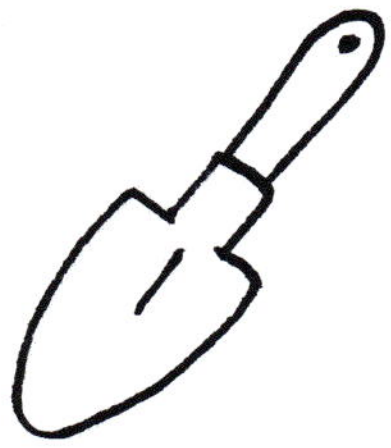 die Gießkanne	 **Ziel**
 die Pflanze	 die Blumenerde
Start der Topf	 die Sonnenblume
 die Sonne	 der Samen
 die Schaufel	 das Wasser

Name: ____________________ Datum: ______________

Kreise das richtige Wort ein!

die Ente | der Elefant | der Esel

der Papagei | der Pelikan | der Pinguin

der Frosch | das Ferkel | der Fuchs

die Ameise | der Affe | der Adler

der Käfer | das Krokodil | das Känguru

der Tiger | der Truthahn | die Taube

das Zebra | die Ziege | die Zecke

Name: ______________________ Datum: ______________

Lies und male an!

das Eichhörnchen

der Pilz

das Reh

die Ameise

die Bäume

der Igel

der Specht

die Büsche

Name: ______________________ Datum: ______________

Verbinde die Wörter zu einem Satz!

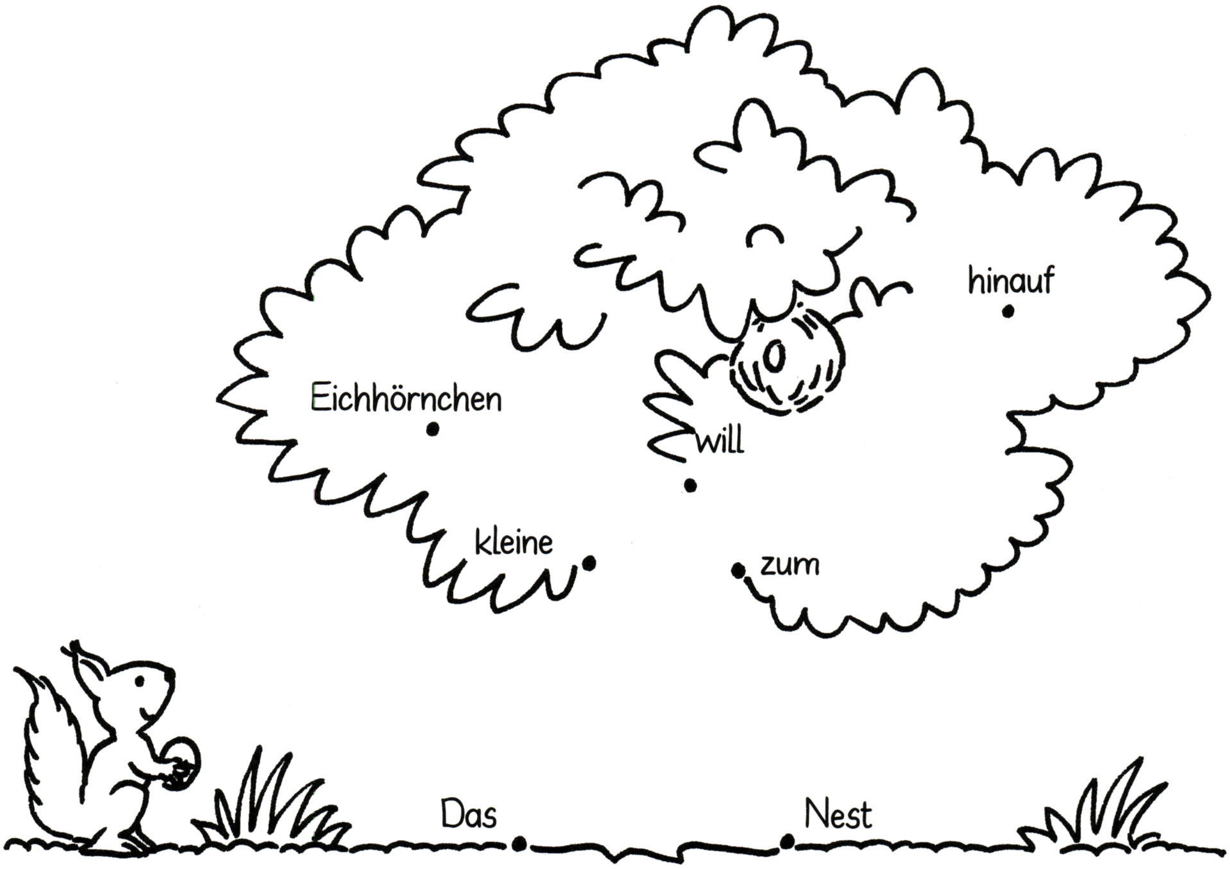

Schreibe den Satz auf:

____

____

Male das Bild aus!

Name: ______________________ Datum: ______________

Was passt? Verbinde!

Taschenlampe

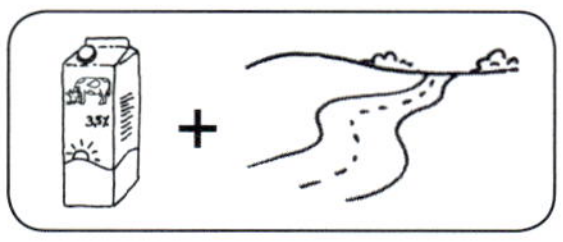

Wasserhahn

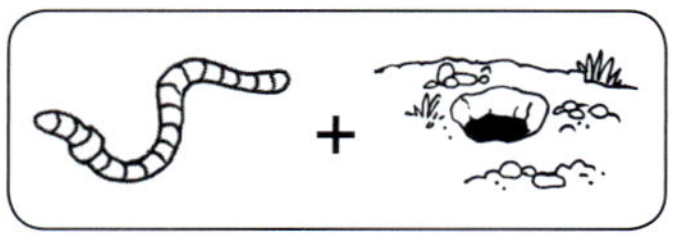

Milchstraße

Fußball

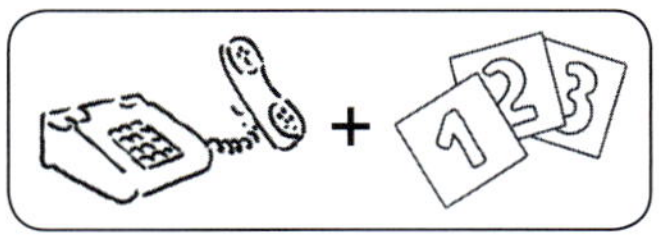

Butterbrot

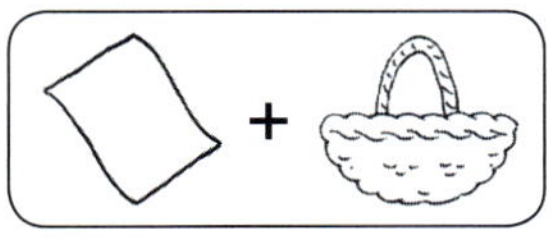

Milchzahn

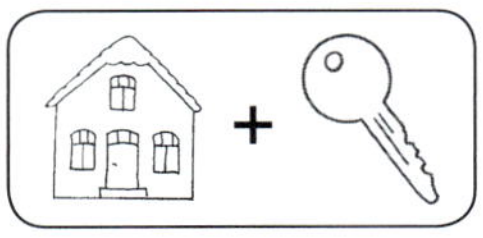

Käsekuchen

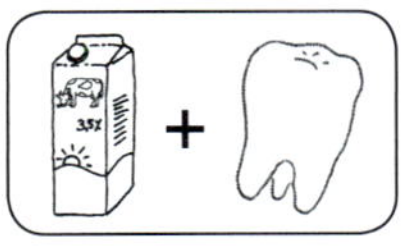

Telefonnummer

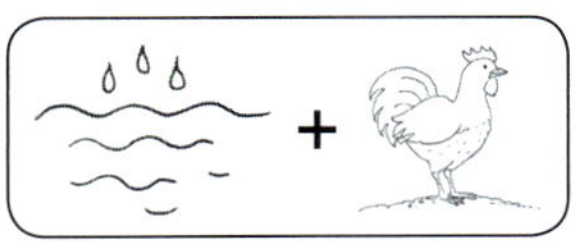

Wurmloch

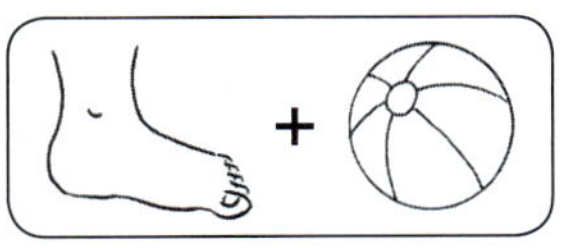

Vogelhaus

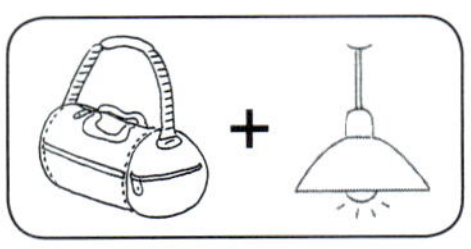

Hausschlüssel

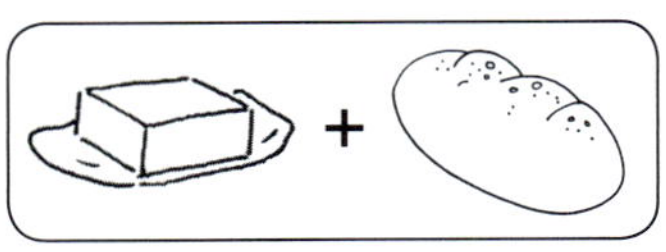

Papierkorb

Name: ______________________________ Datum: ________________

Kreise die richtigen Buchstaben ein, und du erhältst ein Lösungswort!

S die Blume
P die Bluse

A die Wolle
O die Wolke

M der Stern
Ü der Stein

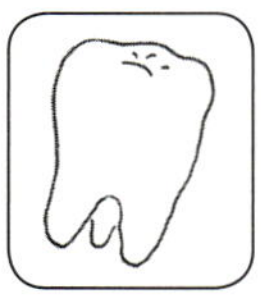

L die Zahl
M der Zahn

E der Wal
T der Wald

R das Buch
D der Bauch

A der Opa
F die Oma

E die Birne
G die Biene

L die Tante
R die Tinte

W der See
I die Fee

K die Hand
E der Hund

N die Schüssel
F der Schlüssel

Lösungswort: ___ ___ ___ ___ ___ ___ ___ ___ ___ ___ ___ ___

Name: ____________________ Datum: ____________

Was tun die Kinder? Kreise ein!

spielen / schielen

klauen / bauen

sitzen / singen

ringen / reiten

essen / lesen

schneiden / schaukeln

trocknen / trinken

werfen / würfeln

rutschen / regnen

weinen / scheinen

Name: ______________________ Datum: ______________

Was stimmt? Kreise ein!

eine Katze		eine Warze
eine Hand		ein Hund
ein Hamster		ein Hering
ein Turm		ein Wurm
ein Elefant		ein Enterich
ein Zwerg		ein Berg
eine Schnecke		eine Hecke
ein Frosch		ein Ferkel
eine Vase		ein Vogel
ein Pferd		ein Herd
ein Kakadu		eine Kuh
ein Reh		ein Zeh

Name: ______________________ Datum: ______________

Was passt? Kreuze an!

Lena
- ☐ singt.
- ☐ spielt.
- ☐ spricht.

Tom
- ☐ bastelt.
- ☐ baut.
- ☐ backt.

Florian
- ☐ sucht.
- ☐ schreibt.
- ☐ schläft.

Mia
- ☐ kocht.
- ☐ kauft.
- ☐ klettert.

Kaan
- ☐ geht.
- ☐ gähnt.
- ☐ gewinnt.

Fatima
- ☐ rechnet.
- ☐ rennt.
- ☐ reitet.

Name: ______________________ Datum: ______________

Was passt? Kreise ein! Schreibe den richtigen Satz auf!

Sie geht.

Sie rennt. ______________________

Sie spucken.

Sie spielen. ______________________

Er gibt.

Er wirft. ______________________

Er winkt.

Er weint. ______________________

Sie füttert.

Sie fährt. ______________________

Name: ______________________ Datum: ______________

Was fehlt? Male hinzu!

der Mund

das Feuer

ein Flügel

die Äpfel

die Autos

der Knochen

die Tür

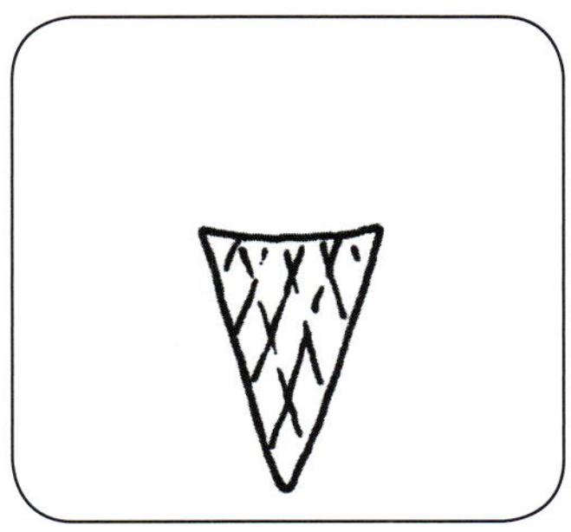

das Eis

die Blumen

Name: ______________________ Datum: ______________

Was fehlt? Male hinzu!

fünf Blumen

ein Hund

eine Wolke

drei Vögel

ein Busch

eine Maus

eine Sonne

ein Wurm

ein Teich

vier Fische

Name: ______________________ Datum: ______________

Lies und male!

eine Wiese

ein Hund

ein Baum

viele Blumen

eine Schnecke

ein Regenbogen

Name: ______________________ Datum: ______________

Lies und male!

Male …

das Haus = gelb

das Dach = lila

die Fensterrahmen = blau

die Vorhänge = rot

die Tür = grün

Male einen Vogel!

Name: ______________________ Datum: ______________

Lies und male an!

 = rot

 = gelb

 = blau

 = hellgrün

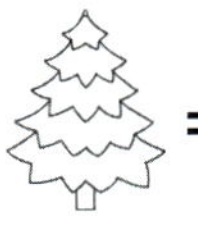 = grün

 = rot und gelb

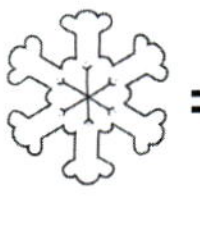 = hellblau

Name: ______________________ Datum: ______________

Lies und male!

eine Burg

ein Vampir

eine Vampirmutter

eine Fledermaus

Name: ______________________ Datum: ______________

Lies und male!

Male ...

die Hüte grün.

die Jacken lila.

die Hosen braun.

die Schuhe schwarz.

Name: ______________________________ Datum: ________________

Lies und male!

Male …

die Eisbecher blau, grün und rot.

die Eiskugeln bunt.

Schlagsahne.

zwei Waffeln.

Name: ______________________ Datum: ______________

Lies und schreibe!

Lena steht.

Tim sitzt.

Hans steht.

Male ...

Hans Hose = rot

Lenas Rock = blau

Tims T-Shirt = gelb

Name: ______________________ Datum: ______________

Gesucht wird ...

der Hund mit Halsband

der Hund mit Knochen

der Hund mit Hut

der Hund mit Schuhen

Welcher Hund passt? Schneide aus und klebe ein!

Name: ______________________ Datum: ______________

Gesucht wird ...

ein Schaf mit Sonnenbrille

ein Schaf mit Mütze

ein Schaf mit Schleife

ein Schaf mit Kleeblatt

Welches Schaf passt? Schneide aus und klebe ein!

Name: ______________________ Datum: ______________

Suche dir einen Partner. Schneidet die Karten aus.
Mischt sie und ordnet jedem Bild ein Wort zu.
Dann könnt ihr die Karten umdrehen und Memory® spielen.

die Kantine		
	die Bühne	
das Sofa		der Morgen
		der Malunterricht

Name: ______________________ Datum: ______________

	der Frühstückstisch	das Abendessen
		der Geburtstag
das Kleid	der Traum	
die Schule		das Lieblingsbuch

Ordne die Bilder der Reihenfolge nach!
Erzähle, was Maja alles erlebt!

Name: ______________________ Datum: ______________

Was siehst du nicht? Kreise ein!

der Hund

das Eis

die Zeitung

das Buch

das Klettergerüst

der Mülleimer

die Sonne

der Elefant

der Vampir

der Vogel

die Katze

die Lehrerin

das Zebra

der Ball

die Lampe

Name: ______________________ Datum: ______________

Was siehst du auf dem Bild? Kreise die richtigen Wörter ein!

die Kuh

das Monster

der Spiegel

die Katze

das Bett

der Sessel

die Lampe

die Badewanne

die Giraffe

der Computer

der Tisch

der Teppich

die Schüssel

der Kaktus

der Herd

der Fisch

das Kissen

der Ball

Name: ______________________ Datum: ______________

Was passt? Kreise ein!

die Pflanze

die Banane

die Kartoffel

die Erde

die Blätter

die Blüte

der Topf

die Wurzel

der Stamm

die Gießkanne

die Kastanie

das Wasser

Name: ______________________ Datum: ______________

Was passt? Kreise ein!

das Rad

der Sattel

der Lenker

die Klingel

die Eisenbahn

der Gepäckträger

das Schutzblech

das Auto

das Flugzeug

die Bremse

das Pedal

das Rücklicht

Name: ______________________ Datum: ______________

Was passt nicht? Streiche durch!

das Futter

die Hundeleine

das Fell

die Körner

knabbern

klettern

weinen

der Dinosaurier

fressen

das Säugetier

lachen

das Hamsterrad

der Käfig

die Backentasche

Name: ______________________ Datum: ______________

Was passt nicht? Streiche durch!

die Katze

bellen

der Sattel

fliegen

füttern

streicheln

der Schwanz

schnurren

das Fell

die Flügel

die Maus

miauen

die Milch

die Barthaare

schleichen

Name: ______________________ Datum: ______________

Wie viele Tiere? Kreise ein!

sieben Pinguine	drei Bären	zwei Giraffen	sechs Steinböcke
acht Pinguine	zwei Bären	drei Giraffen	acht Steinböcke
zwei Nilpferde	sieben Affen	drei Kängurus	ein Löwe
vier Nilpferde	acht Affen	fünf Kängurus	zwei Löwen

Name: ______________________ Datum: ______________

Was siehst du? Kreise ein!

B die Ente
L das Ende

E die Kuh
A die Gießkanne

T das Schaf
U der Hahn

W die Hundehütte
E der Hund

R die Autoreifen
D der Ochse

Lösungswort: ___ ___ ___ ___ ___

Name: ______________________ Datum: ______________

Was siehst du nicht? Kreise ein!

P der Vampir
T das Schloss

R das Monster
A der Stein

T der Spiegel
I das Hochhaus

E die Hexe
N der Rabe

R der Apfel
Z die Kutsche

Lösungswort: ___ ___ ___ ___ ___

Name: ______________________________ Datum: ________________

Was ist auf dem Bild? Kreise ein!

S die Flöte

P das Klavier

T die Höhle

A das Baumhaus

D der Dinosaurier

E der Schmetterling

I die Pilze

M die Blumen

Y der Fußabdruck

N der Handabdruck

Lösungswort: ____ ____ ____ ____ ____

Name: ______________________ Datum: ______________

Was ist auf dem Bild? Kreise ein!

S viele Kinder

O der Sonnenschirm

T der Weihnachtsmann

E der Esel

H der Osterhase

R der Tannenbaum

K das Känguru

L das Hochhaus

U das Einhorn

R die Katze

Y der Ritter

N viele Süßigkeiten

Lösungswort: ___ ___ ___ ___ ___

Name: ______________________ Datum: ______________

Was stimmt? Kreise ein!

Hinter der Katze rennt

die Maus. der Hund. der Hirte. der Igel.

Im Nest sitzt

der Vater. das Fohlen. der Freund. der Vogel.

Auf der Decke ist

das Buch. das Brot. das Baby. das Pony.

Neben der Bank steht

der Korb. die Katze. die Schaukel. die Mutter.

Name: ______________________ Datum: ______________

Welche Tiere siehst du? Kreise ein!

B	die Kuh	**N**	der Adler
K	das Pferd	**X**	das Warzenschwein
A	der Waschbär	**Z**	das Kaninchen
O	das Reh	**V**	der Wellensittich
W	das Nashorn	**E**	der Hahn
T	die Schnecke	**L**	die Ente

Lösungswort: ___ ___ ___ ___ ___

Name: ____________________ Datum: ____________

Verbinde!

die jungen Hunde

der Futternapf

der Hundekorb

der Spaziergang

die Hundeleine

die Umarmung

die Freundschaft

das Fressen

Name: ______________________ Datum: ______________

Ordne zu und schreibe auf!

Papa erklärt. – Emil denkt.

Tim steht. – Mona liegt. – Lisa hockt.

Name: ____________________ Datum: ____________

Was gehört zusammen? Verbinde!

der Ritter	der Topf
der Narr	das Kreuz
der Pfarrer	das Pferd
der Knappe	der Bogen
das Mädchen	die Bälle
der Koch	die Krone
der König	das Lied
der Sänger	der Hund
die Königin	der König

Name: ______________________ Datum: ______________

Was passt? Schreibe auf!

____

____

____

____

laufen	werfen	schreiben	murmeln

Name: ______________________ Datum: ______________

Verbinde!

Vögel	piksen.
Hunde	rollen.
Kinder	singen.
Bälle	bellen.
Igel	spielen.

Name: ______________________ Datum: ______________

Schreibe auf!

krabbeln	kriechen	fliegen	blühen	summen

Blumen ____ ____ ____ ____ ____ ____ .

Schmetterlinge ____ ____ ____ ____ ____ ____ ____ .

Bienen ____ ____ ____ ____ ____ ____ .

Schnecken ____ ____ ____ ____ ____ ____ ____ ____ .

Käfer ____ ____ ____ ____ ____ ____ ____ ____ .

Name: ______________________ Datum: ______________

Schreibe auf!

pochen	schnuppern	grunzen	
klettern	fliegen	kriechen	schleichen

Wildschweine _ _ _ _ _ _ _ .

Füchse _ _ _ _ _ _ _ _ _ _ .

Eulen _ _ _ _ _ _ _ .

Igel _ _ _ _ _ _ _ _ .

Spechte _ _ _ _ _ _ .

Eichhörnchen _ _ _ _ _ _ _ _ .

Kaninchen _ _ _ _ _ _ _ _ _ _ .

Name: ______________________ Datum: ______________

Wie kommt der Maulwurf in den Garten? Finde den richtigen Weg!

Maulwurf Matze baut einen Gang. Was sieht er alles?

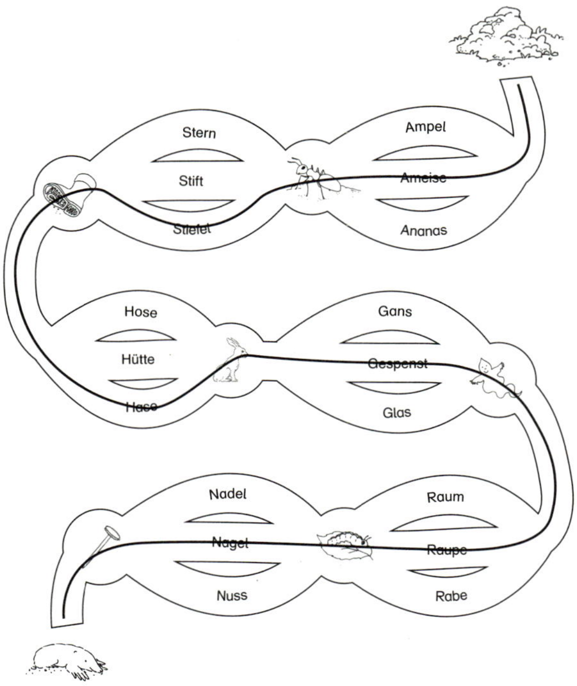

Name: ______________________ Datum: ______________

Was fehlt? Kreuze an!

☐ Eier	☐ Butter	☒ Kakao
☐ Zitronen	☒ Paprika	☐ Honig
☐ Milch	☐ Orangensaft	☐ Möhren
☒ Marmelade	☐ Schwarzbrot	☐ Bananen
☐ Kartoffeln	☐ Äpfel	☐ Zucker

Name: ______________________ Datum: ______________

Verbinde!

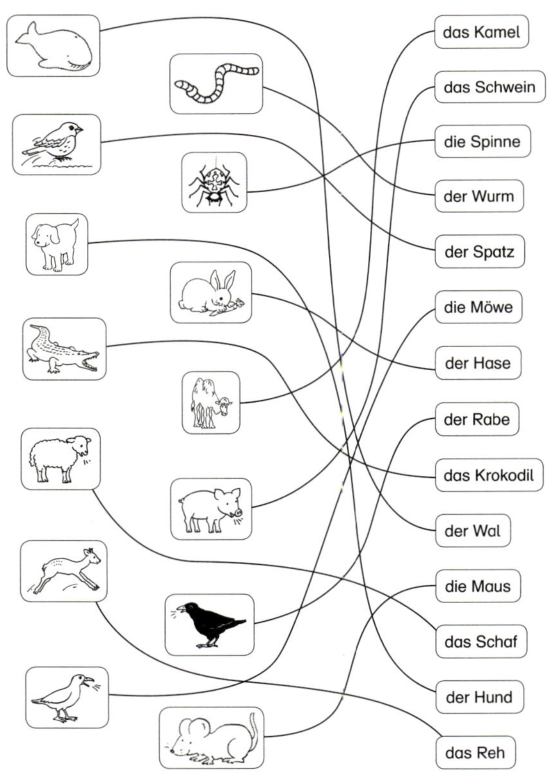

Name: ______________________ Datum: ______________

Was passt? Schreibe die richtige Zahl in die Kästchen!

4 der Tannenbaum	2 das Eis	4 der Schneemann
1 die Tulpen	3 die Kastanien	3 der Drachen
1 das Osternest	2 der Badeanzug	4 der Schlitten
2 die Sonnenbrille	4 die Schlittschuhe	1 der Maikäfer
3 die Herbstferien	2 die Sonnenmilch	3 die Apfelernte
1 die Osterferien		

Welches Fest ist gemeint? Kreise ein!

Weihnachten

Ostern

(Silvester)

Name: ______________________ Datum: ______________

Ordne die Zahl zum Bild!

1 der Kleiderschrank	8
2 der Stuhl	3
3 das Sofa	4
4 die Lampe	1
5 der Tisch	5
6 der Teppich	10
7 die Bettdecke	2
8 das Fenster	6
9 die Steckdose	7
10 das Bücherregal	9

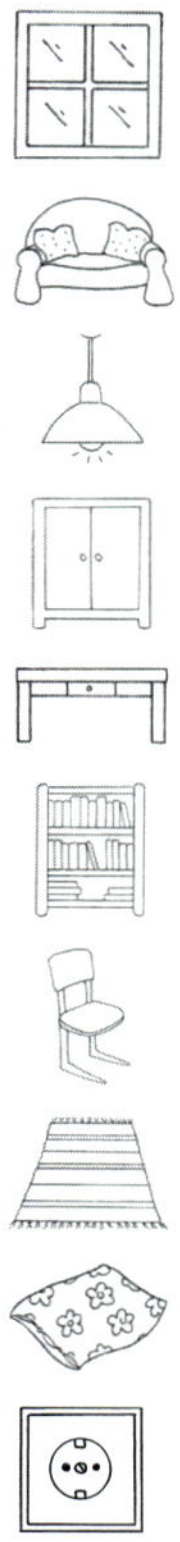

Name: ______________________ Datum: ______________

Was passt? Verbinde!

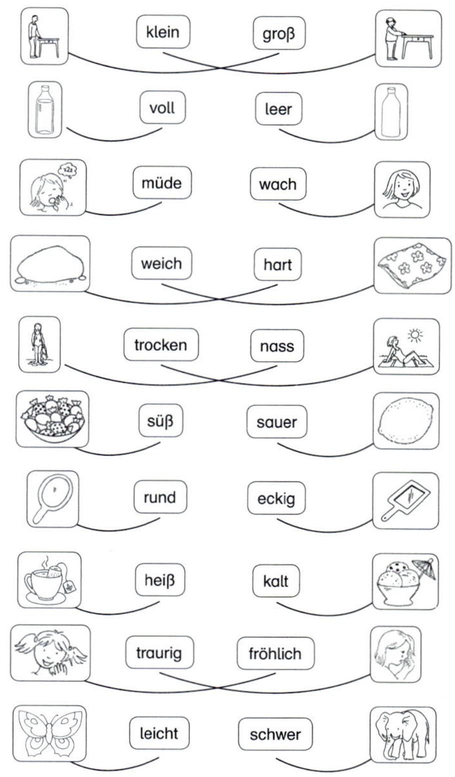

Name: ______________________ Datum: ______________

Was machen die Monster? Verbinde!

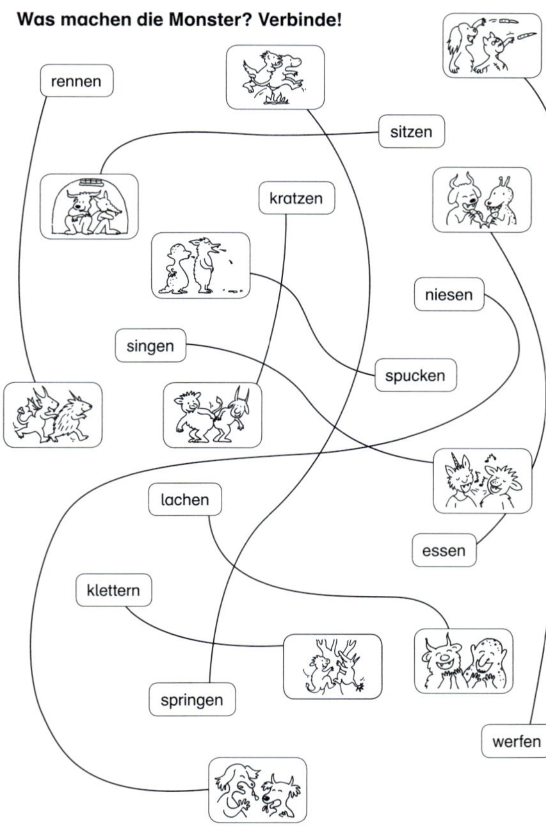

Name: ______________________ Datum: ______________

Was ist auf dem Bild? Kreise die richtigen Buchstaben ein!

(F)	zwei Hunde	K	ein Esel
(E)	ein Fisch	(N)	eine Schere
A	ein Lastwagen	(S)	Luftballons
P	ein Kleiderschrank	(T)	eine Katze
(E)	Vögel	L	eine Schaukel
D	ein Kuchen	(R)	Eisbecher

Lösungswort: F E N S T E R

Name: ______________________ Datum: ____________

Schreibe die Buchstaben unter die richtigen Bilder! So erhältst du ein Lösungswort.

S	der Pinguin	A	das Auto
G	der Kuchen	T	die Zahnpasta
T	das Känguru	B	das Schiff
U	die Mütze	R	das Herz
G	die Kerze	E	das Fahrrad

G E B U R

T S T A G

Lösungswort: G E B U R T S T A G

Male einen Wunsch von dir!

Name: ______________________ Datum: ____________

Wer ist es? Verbinde!

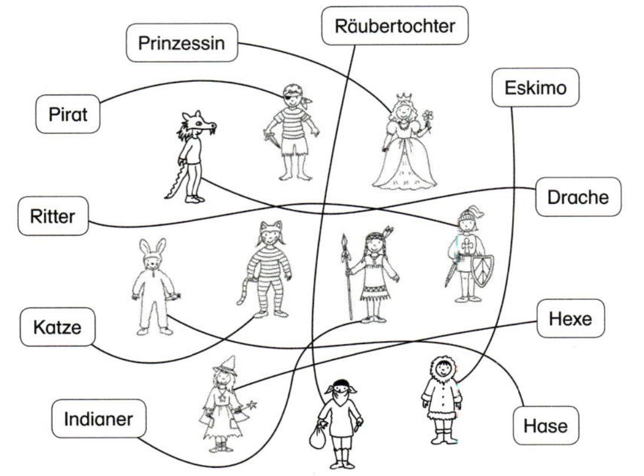

Was gehört zusammen? Kreise in derselben Farbe ein!

Schiff
Maus
Krone
Feuer
Besen
Büffel
Möhre
Iglu
Schwert
Sack

Name: ______________________ Datum: ____________

Kreise die passenden Wörter ein!

der Rucksack
die Narbe
die Tasche
der Regenschirm
der Gürtel
die Turnschuhe
die Lederschuhe
der Mantel
der Ohrring
die Stupsnase
die Warze
die Hakennase
die Handschuhe
die Jacke
die Mütze
der Hut

Name: ______________________ Datum: ____________

Kreise die passenden Wörter ein!

die Ohrringe
der Rucksack
der Armreif
die Handtasche
der Rock
die Stiefel
der Mantel
der Fingerring
die Sandalen
der Schal
die Halskette
das Kopftuch
das Muttermal
der Schlapphut
die Sonnenbrille
das Fußkettchen
das Kleid
die Bluse

Was hat die Diebin gestohlen?

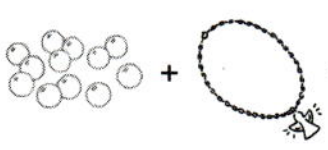

= P E R L E N K E T T E

Name: ______________ Datum: ______________

Kreise die passenden Wörter ein!

das Totenkopf-Hemd (eingekreist) · der Pullover · die Jeans (eingekreist) · die Turnschuhe · die Stoffhose · die Stiefel (eingekreist) · die Lederjacke (eingekreist) · die Mütze · die Tasche (eingekreist) · die Kette (eingekreist) · der Rucksack · die kurzen Haare · der Ring (eingekreist) · der Schnurrbart (eingekreist) · der Vollbart · der Mantel · das Armband · die langen Haare (eingekreist)

Was hat der Mann nicht an? Kreuze an!

- [x] eine Sonnenbrille
- [x] einen Schlapphut
- [ ] eine Armbanduhr

Name: ______________ Datum: ______________

Was passt? Schreibe die passende Zahl zum Wort!

6	das Blatt	13	der Käfer
15	die Nuss	8	das Mädchen
7	der Junge	10	die Feder
9	das Eichhörnchen	2	der Ast
4	der Specht	12	der Stein
5	der Farn	3	der Stamm
1	der Pilz	14	das Wildschwein
11	die Eule		

Name: ______________ Datum: ______________

Was reimt sich? Verbinde!

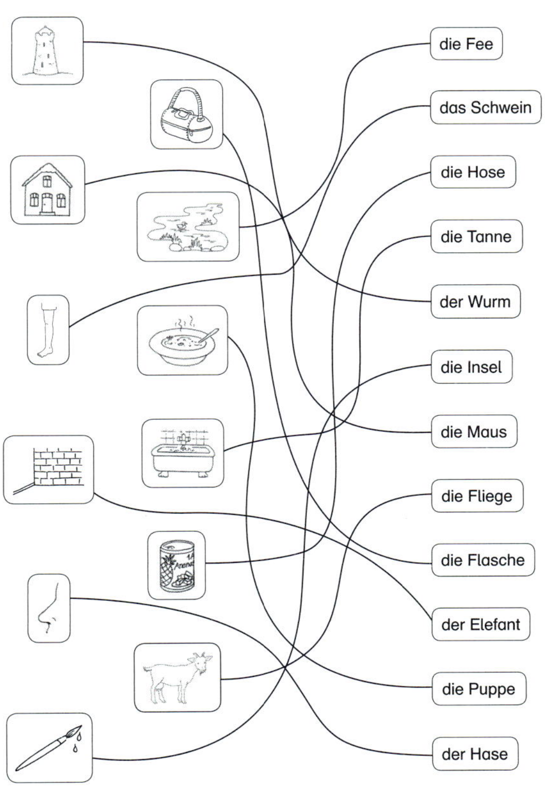

Name: ______________ Datum: ______________

Was reimt sich? Verbinde!

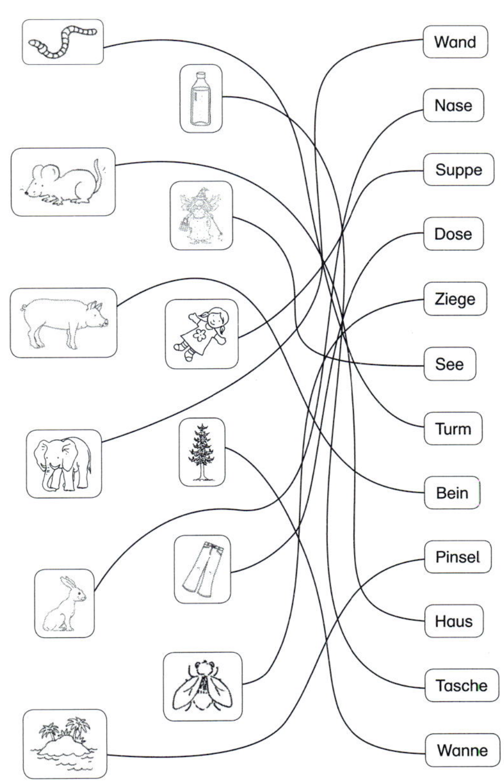

Name: ______________________ Datum: ____________

Schneide das Domino aus!
Mische die Karten und lege sie wieder zusammen!

Name: ______________________ Datum: ____________

Schneide das Domino aus!
Mische die Karten und lege sie wieder zusammen!

Name: ______________________ Datum: ____________

Kreise das richtige Wort ein!

die Ente	(der Elefant)	der Esel
(der Papagei)	der Pelikan	der Pinguin
der Frosch	das Ferkel	(der Fuchs)
die Ameise	(der Affe)	der Adler
der Käfer	(das Krokodil)	das Känguru
der Tiger	der Truthahn	(die Taube)
das Zebra	(die Ziege)	die Zecke

Name: ______________________ Datum: ____________

Lies und male an!

das Eichhörnchen — der Pilz — das Reh

die Ameise — die Bäume — der Igel

der Specht — die Büsche

Name: ______________________ Datum: ______________

Verbinde die Wörter zu einem Satz!

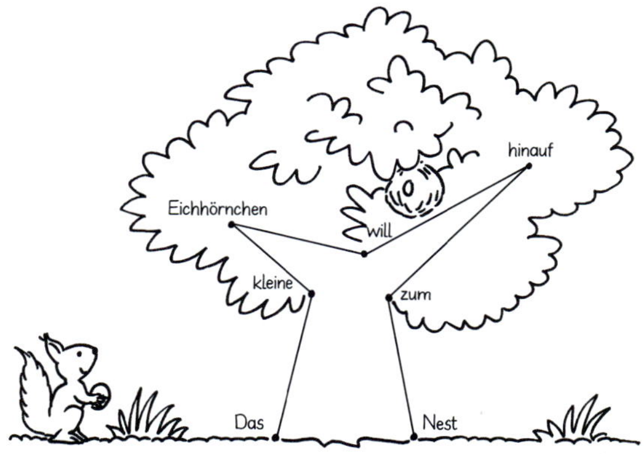

Schreibe den Satz auf:

Das kleine Eichhörnchen will hinauf zum Nest.

Male das Bild aus!

Name: ______________________ Datum: ______________

Was passt? Verbinde!

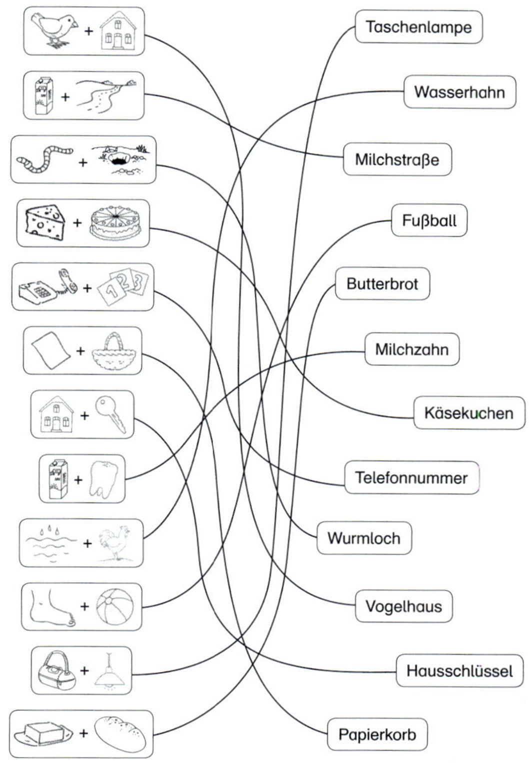

Name: ______________________ Datum: ______________

Kreise die richtigen Buchstaben ein, und du erhältst ein Lösungswort!

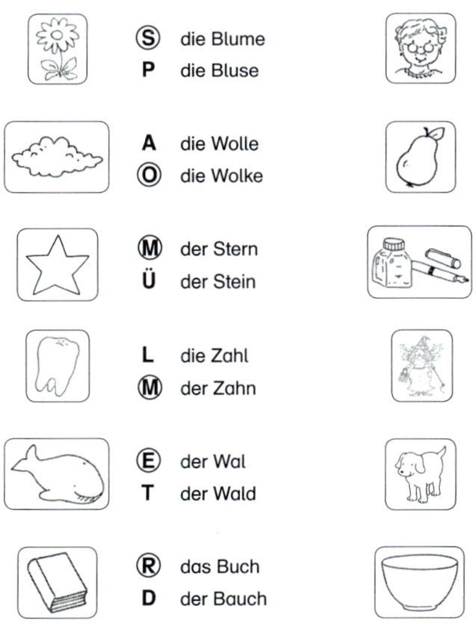

	(S) die Blume P die Bluse			A der Opa **(F)** die Oma	
	A die Wolle **(O)** die Wolke			**(E)** die Birne G die Biene	
	(M) der Stern Ü der Stein			L die Tante **(R)** die Tinte	
	L die Zahl **(M)** der Zahn			W der See **(I)** die Fee	
	(E) der Wal T der Wald			K die Hand **(E)** der Hund	
	(R) das Buch D der Bauch			**(N)** die Schüssel F der Schlüssel	

Lösungswort: S O M M E R F E R I E N

Name: ______________________ Datum: ______________

Was tun die Kinder? Kreise ein!

(spielen) / schielen

klauen / **(bauen)**

(sitzen) / singen

(ringen) / reiten

(essen) / lesen

schneiden / **(schaukeln)**

trocknen / **(trinken)**

(werfen) / würfeln

(rutschen) / regnen

(weinen) / scheinen

Name: ______________________ Datum: ______________

Was stimmt? Kreise ein!

eine Katze	eine Warze
eine Hand	ein Hund
ein Hamster	ein Hering
ein Turm	ein Wurm
ein Elefant	ein Enterich
ein Zwerg	ein Berg
eine Schnecke	eine Hecke
ein Frosch	ein Ferkel
eine Vase	ein Vogel
ein Pferd	ein Herd
ein Kakadu	eine Kuh
ein Reh	ein Zeh

Name: ______________________ Datum: ______________

Was passt? Kreuze an!

Lena ☐ singt. ☒ spielt. ☐ spricht.

Tom ☐ bastelt. ☐ baut. ☒ backt.

Florian ☐ sucht. ☒ schreibt. ☐ schläft.

Mia ☒ kocht. ☐ kauft. ☐ klettert.

Kaan ☒ geht. ☐ gähnt. ☐ gewinnt.

Fatima ☐ rechnet. ☒ rennt. ☐ reitet.

Name: ______________________ Datum: ______________

Was passt? Kreise ein! Schreibe den richtigen Satz auf!

Sie geht.
Sie rennt. Sie geht.

Sie spucken.
Sie spielen. Sie spielen.

Er gibt.
Er wirft. Er gibt.

Er winkt.
Er weint. Er winkt.

Sie füttert.
Sie fährt. Sie füttert.

Name: ______________________ Datum: ______________

Was fehlt? Male hinzu!

der Mund

ein Flügel

das Feuer

die Äpfel

die Autos

der Knochen

die Tür

die Blumen

das Eis

Name: ______________________ Datum: ______________

Was fehlt? Male hinzu!

fünf Blumen

eine Wolke

ein Hund

drei Vögel

ein Busch

eine Maus

eine Sonne

ein Wurm

ein Teich

vier Fische

Name: ______________________ Datum: ______________

Lies und male!

eine Wiese

ein Hund

ein Baum

viele Blumen

eine Schnecke

ein Regenbogen

Name: ______________________ Datum: ______________

Lies und male!

Male …

das Haus = gelb

das Dach = lila

die Fensterrahmen = blau

die Vorhänge = rot

die Tür = grün

Male einen Vogel!

Hinweis für den Lehrer: Bitte fertigen Sie eine farbige Musterlösung für Ihre Schüler an.

Name: ______________________ Datum: ______________

Lies und male an!

 = rot

 = gelb

 = blau

 = hellgrün

 = grün

 = rot und gelb

 = hellblau

Hinweis für den Lehrer: Bitte fertigen Sie eine farbige Musterlösung für Ihre Schüler an.

Name: ______________________ Datum: ____________

Lies und male!

eine Burg

ein Vampir

eine Vampirmutter

eine Fledermaus

Annette Neubauer: Kleine Leseübungen für Erstleser – Wortebene © Auer Verlag

Name: ______________________ Datum: ____________

Lies und male!

Male ...

die Hüte grün.
die Jacken lila.
die Hosen braun.
die Schuhe schwarz.

Hinweis für den Lehrer: Bitte fertigen Sie eine farbige Musterlösung für Ihre Schüler an.

Name: ______________________ Datum: ____________

Lies und male!

Male ...

die Eisbecher blau, grün und rot.
die Eiskugeln bunt.
Schlagsahne.
zwei Waffeln.

Hinweis für den Lehrer: Bitte fertigen Sie eine farbige Musterlösung für Ihre Schüler an.

Annette Neubauer: Kleine Leseübungen für Erstleser – Wortebene © Auer Verlag

Annette Neubauer: Kleine Leseübungen für Erstleser – Wortebene © Auer Verlag

Name: ______________________ Datum: ____________

Lies und schreibe!

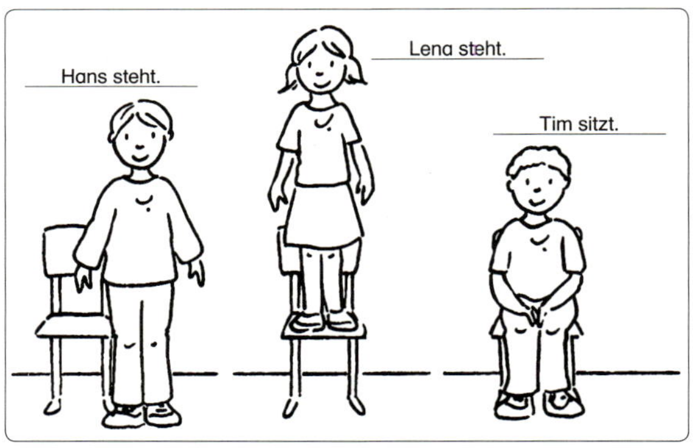

Lena steht.
Tim sitzt.
Hans steht.

Male ...

Hans Hose = rot
Lenas Rock = blau
Tims T-Shirt = gelb

Hinweis für den Lehrer: Bitte fertigen Sie eine farbige Musterlösung für Ihre Schüler an.

Name: ______________________ Datum: ______________

Gesucht wird ...

der Hund mit Halsband

der Hund mit Knochen

der Hund mit Hut

der Hund mit Schuhen

Welcher Hund passt? Schneide aus und klebe ein!

Name: ______________________ Datum: ______________

Gesucht wird ...

ein Schaf mit Sonnenbrille

ein Schaf mit Mütze

ein Schaf mit Schleife

ein Schaf mit Kleeblatt

Welches Schaf passt? Schneide aus und klebe ein!

Name: ______________________ Datum: ______________

Suche dir einen Partner. Schneidet die Karten aus.
Mischt sie und ordnet jedem Bild ein Wort zu.
Dann könnt ihr die Karten umdrehen und Memory® spielen.

der Morgen		das Kleid
	der Frühstückstisch	
die Schule		der Geburtstag
	die Kantine	

Name: ______________________ Datum: ______________

die Bühne		der Malunterricht
	das Abendessen	
das Sofa		das Lieblingsbuch
	der Traum	

Ordne die Bilder der Reihenfolge nach!
Erzähle, was Maja alles erlebt!

Name: ______________ Datum: ______________

Was siehst du nicht? Kreise ein!

der Hund
das Eis
die Zeitung
das Buch
das Klettergerüst
der Mülleimer
die Sonne
der Elefant
der Vampir
der Vogel
die Katze
die Lehrerin
das Zebra
der Ball
die Lampe

Name: ______________ Datum: ______________

Was siehst du auf dem Bild? Kreise die richtigen Wörter ein!

die Kuh
das Monster
der Spiegel
die Katze
der Sessel
das Bett
die Lampe
die Badewanne
die Giraffe
der Computer
der Tisch
der Teppich
die Schüssel
der Kaktus
der Herd
das Kissen
der Ball
der Fisch

Name: ______________ Datum: ______________

Was passt? Kreise ein!

die Pflanze
die Banane
die Kartoffel
die Erde
die Blätter

die Blüte
der Topf
die Wurzel
der Stamm
die Gießkanne
die Kastanie
das Wasser

Name: ______________ Datum: ______________

Was passt? Kreise ein!

das Rad
der Lenker
der Sattel
die Klingel
die Eisenbahn
der Gepäckträger
das Schutzblech
das Auto
das Flugzeug
die Bremse
das Rücklicht
das Pedal

Name: ____________________ Datum: ____________

Was passt nicht? Streiche durch!

das Futter ~~die Hundeleine~~ das Fell die Körner knabbern klettern ~~weinen~~

~~der Dinosaurier~~ fressen das Säugetier ~~lachen~~ das Hamsterrad der Käfig die Backentasche

Annette Neubauer: Kleine Leseübungen für Erstleser – Wortebene
© Auer Verlag

Name: ____________________ Datum: ____________

Was passt nicht? Streiche durch!

die Katze ~~bellen~~ ~~der Sattel~~ ~~fliegen~~ füttern streicheln der Schwanz

schnurren das Fell ~~die Flügel~~ die Maus miauen die Milch die Barthaare schleichen

Annette Neubauer: Kleine Leseübungen für Erstleser – Wortebene
© Auer Verlag

Name: ____________________ Datum: ____________

Wie viele Tiere? Kreise ein!

sieben Pinguine	drei Bären	zwei Giraffen	sechs Steinböcke
acht Pinguine	zwei Bären	drei Giraffen	acht Steinböcke
zwei Nilpferde	sieben Affen	drei Kängurus	ein Löwe
vier Nilpferde	acht Affen	fünf Kängurus	zwei Löwen

Annette Neubauer: Kleine Leseübungen für Erstleser – Wortebene
© Auer Verlag

Name: ____________________ Datum: ____________

Was siehst du? Kreise ein!

B die Ente
L das Ende

E die Kuh
A die Gießkanne

T das Schaf
U der Hahn

W die Hundehütte
E der Hund

R die Autoreifen
D der Ochse

Lösungswort: B A U E R

Annette Neubauer: Kleine Leseübungen für Erstleser – Wortebene
© Auer Verlag

Name: ______________ Datum: ______________

Was siehst du nicht? Kreise ein!

Ⓟ der Vampir
T das Schloss

Ⓡ das Monster
A der Stein

T der Spiegel
Ⓘ das Hochhaus

E die Hexe
Ⓝ der Rabe

R der Apfel
Ⓩ die Kutsche

Lösungswort: P R I N Z

Name: ______________ Datum: ______________

Was ist auf dem Bild? Kreise ein!

Ⓢ die Flöte
P das Klavier
Ⓣ die Höhle
A das Baumhaus
D der Dinosaurier
Ⓔ der Schmetterling
Ⓘ die Pilze
M die Blumen
Y der Fußabdruck
Ⓝ der Handabdruck

Lösungswort: S T E I N

Name: ______________ Datum: ______________

Was ist auf dem Bild? Kreise ein!

Ⓢ viele Kinder
O der Sonnenschirm
Ⓣ der Weihnachtsmann
Ⓔ der Esel
H der Osterhase
Ⓡ der Tannenbaum
K das Känguru
L das Hochhaus
U das Einhorn
R die Katze
Y der Ritter
Ⓝ viele Süßigkeiten

Lösungswort: S T E R N

Name: ______________ Datum: ______________

Was stimmt? Kreise ein!

Hinter der Katze rennt
die Maus. (der Hund.) der Hirte. der Igel.

Im Nest sitzt
der Vater. das Fohlen. der Freund. (der Vogel.)

Auf der Decke ist
das Buch. das Brot. (das Baby.) das Pony.

Neben der Bank steht
(der Korb.) die Katze. die Schaukel. die Mutter.

Name: ______________________ Datum: ____________

Welche Tiere siehst du? Kreise ein!

B	die Kuh	N	der Adler
(K)	das Pferd	X	das Warzenschwein
(A)	der Waschbär	(Z)	das Kaninchen
O	das Reh	V	der Wellensittich
W	das Nashorn	(E)	der Hahn
(T)	die Schnecke	L	die Ente

Lösungswort: K A T Z E

Name: ______________________ Datum: ____________

Verbinde!

die jungen Hunde

der Futternapf

der Hundekorb

der Spaziergang

die Hundeleine

die Umarmung

die Freundschaft

das Fressen

Name: ______________________ Datum: ____________

Ordne zu und schreibe auf!

Emil denkt.

Papa erklärt.

Papa erklärt. – Emil denkt.

Lisa hockt.

Tim steht.

Mona liegt.

Tim steht. – Mona liegt. – Lisa hockt.

Name: ______________________ Datum: ____________

Was gehört zusammen? Verbinde!

der Ritter	der Topf
der Narr	das Kreuz
der Pfarrer	das Pferd
der Knappe	der Bogen
das Mädchen	die Bälle
der Koch	die Krone
der König	das Lied
der Sänger	der Hund
die Königin	der König

Name: ______________________ Datum: ______________

Was passt? Schreibe auf!

schreiben

werfen

laufen

murmeln

laufen werfen schreiben murmeln

Name: ______________________ Datum: ______________

Verbinde!

Vögel – singen.
Hunde – bellen.
Kinder – spielen.
Bälle – rollen.
Igel – piksen.

Name: ______________________ Datum: ______________

Schreibe auf!

krabbeln kriechen fliegen blühen summen

Blumen b l ü h e n .

Schmetterlinge f l i e g e n .

Bienen s u m m e n .

Schnecken k r i e c h e n .

Käfer k r a b b e l n .

Name: ______________________ Datum: ______________

Schreibe auf!

pochen schnuppern grunzen
klettern fliegen kriechen schleichen

Wildschweine g r u n z e n .

Füchse s c h l e i c h e n .

Eulen f l i e g e n .

Igel k r i e c h e n .

Spechte p o c h e n .

Eichhörnchen k l e t t e r n .

Kaninchen s c h n u p p e r n .